L'AVÈNEMENT

D E

TITUS A L'EMPIRE.

L'AVENEMENT

DE

TITUS A L'EMPIRE,

BALLET ALLÉGORIQUE

Au sujet du Couronnement du Roi.

DÉDIÉ A LA REINE.

Par M. GARDEL, *Maître à danser de la* REINE *& de ses Bals; premier Danseur de* L'OPÉRA, *& Compositeur des Ballets de la Cour, en survivance.*

A PARIS,

Chez MUSIER Fils, Libraire, rue du Foin.

M. DCC. LXXV.

A

LA REINE.

MADAME,

*COMBLÉ de vos bienfaits, je
'desirerais pouvoir vous en témoigner*

ma reconnaissance : **VOTRE MAJESTÉ** *ajoute à toutes les bontés dont Elle m'honore, celle de me permettre de lui dédier ce faible Ouvrage. Puisse-t-il occuper quelques momens une Reine si justement adorée.*

Je suis avec un très-profond respect,

MADAME,

DE VOTRE MAJESTÉ,

Le très-humble, très-obéissant
Serviteur, & très fidèle Sujet,
GARDEL.

DISCOURS

PRÉLIMINAIRE.

L'on fera peut-être furpris que je faſſe imprimer ce Ballet qui ne peut être auſſi intéreſſant à la lecture qu'à la repréſentation, où la beauté du Spectacle eſt une partie ſi eſſentielle. C'eſt beaucoup rifquer que de me faire juger fur un fimple récit; j'euſſe préféré de l'être fur la fcène; mais des raiſons particulières ont empêché qu'il ne fût repréſenté à la Cour: & on n'a pas oſé rifquer à l'Opéra un genre de Ballet inconnu dans ce pays-ci, genre qui eût nécessairement entraîné des dépenses excessives.

Il faut que le Lecteur, pour bien juger cet essai, se fasse une juste idée des tableaux, des grouppes, des attitudes, & de l'action que doit produire chaque situation. Ces tableaux, ces grouppes, ces attitudes, font au Maître de Ballet, ce que le style & la versification font au Poëte; l'on conviendra que quand le fond de l'ouvrage est fait, il ne faut plus pour l'exécution, que du feu, du goût, la connaissance de son art, celle de l'effet théâtral & du caractère de ses personnages.

Le Ballet d'action doit être la peinture animée de la nature; en effet, rien ne peut mieux exprimer les différentes affections de l'ame,

que

que la figure qui reçoit toutes ces impulſions. Il eſt reconnu que les ſentimens auxquels nous ſommes ſujets, portés à leur dernier période, s'expriment le plus ſouvent par le ſilence ; ainſi le chagrin, le plaiſir, l'étonnement, l'effroi, l'amour, la crainte, le déſeſpoir, la colère, ôtent la parole, & produiſent une action muette plus expreſſive que l'éloquence la plus vigoureuſe ; d'où il faut conclure que cette action eſt le premier effet parlant des ſenſations, auſſi faut-il que le Maître de Ballets qui les met en œuvre, ſaiſiſſe ce premier moment, le ſeul qui peigne le ſentiment.

C'eſt ſur ce miroir de l'ame, que nos anciens ont imaginé le Ballet d'action. Quelle immenſe carrière ils ont donnée à parcourir, & quelle source intarissable dans l'étude de la nature ! c'est en l'observant & en la prenant pour modèle, qu'un Maître de Ballets peut se promettre les plus grands succès. C'est donc vers ce but qu'il doit diriger ses travaux, & par cette étude approfondie, il pourra marcher au rang des Poëtes, des Peintres, des Musiciens & des Artistes les plus célèbres. Telle étoit l'idée de Lucien, dans son Apologie de la Danse, contre un Fâcheux de son tems qui en condamnait l'usage. Outre le génie poétique, ce profond Ecrivain exige des Maîtres de Ballets, la connaissance de la Mythologie, de l'Histoire, de la Musique, de la Nature, & même de la Géométrie.

Je ne m'étendrai pas fur ce qui a été écrit de la Danfe & de fon origine, de fes progrès, de fa décadence & de fon renouvellement; on connaît à ce fujet plufieurs Ouvrages eftimables. Je me contenterai de préfenter un tableau fuccinct, qui amenera le Ballet que je mets au jour, & qui fervira à faire connaître comment ce genre fi eftimé & fi connu chez les anciens, s'eft affoibli, à mefure que le méchanique de la Danfe a augmenté.

L'on fait que les Juifs firent fervir cet art dans leurs Fêtes folemnelles, & dans d'autres occafions où ils voulaient témoigner leur reconnaiffance au Dieu de leurs pères. Les Egyptiens l'admettaient auffi dans leur culte; les Prêtres enveloppèrent leurs miftères d'un voile impénétrable qui favorifait leur ambition, & donnait à la Danfe une majefté impofante. Leurs premières imitations furent le mouvement des aftres qu'ils cher-chaient à rendre en tournant autour d'un autel qu'ils regardaient comme le Soleil. Dès ce moment jufqu'à la perfection où la portèrent les Romains, on voit la Danfe par-tout imitative.

La Danfe ne fut donc dans les premiers tems qu'une expreffion naïve de la joie & de la reconnaiffance. Des yeux plus pénétrans, un génie plus étendu, l'amour du plaifir, tout fit découvrir les effets plus frappans dont elle était fufceptible. Bientôt l'arrivée du Bœuf Apis fournit d'autres fujets plus élevés ; on célébra la naissance d'Osiris, ses exploits, ses amours & son couronnement.

Orphée, après avoir parcouru l'Egypte, retourna chez les Grecs, & leur donna une idée de la Danse : bientôt ce peuple ingénieux surpassa ses maîtres par sa magnificence. Avant cette époque on ne connaissait que les exercices qui servaient à développer, à fortifier la nature, à lui donner de l'adresse, de la légereté, de la souplesse. Ces jeux furent dictés par le penchant naturel de l'homme, qui s'y trouve porté dès sa naissance. La nature ne s'est point démentie jusqu'à nous, & nous naissons en général avec les mêmes goûts ; aussi est-il essentiel de laisser aux jeunes gens la liberté de se livrer à ces fortes d'amufemens qui ne peuvent que leur être avanta-geux.

Ce qui acheva de déterminer le goût pour la Pantomime , ce qui porta tout le monde à l'adopter, fut la vénération pour les Oracles.

En effet un Oracle déclara qu'un danfeur devait fe faire entendre par le gefte feul ; auffitôt on adopta ce genre, qui devint par la fuite le plus bel ornement du Théatre, & qui marcha de front avec la Tra-gédie.

Qu'eft devenu ce tems où la Danfe formait un corps particulier, & fe fuffifait à elle-même , où la nature & tous les évenemens de la vie étaient tracés par une action intéreffante & pittorefque ? Les anciens ont bien fenti l'avantage de ce tableau magique en le faifant fervir à la légiflation, aux myfteres & aux mœurs.

Quant à la partie Théatrale, ce fut d'abord un fimple intermède, qui, en amufant les yeux du Spectateur, laiffait aux Acteurs le tems de fe repofer. Ces danfes s'exécutaient dans la partie du Théatre qu'ils appellaient *Orcheftre*, mot qui exactement fignifie danfer. Ce n'était point un art foumis à des règles : la nature feule dictait leurs mouvemens (*). Il eft aifé de fe per-

____

(*) On pourrait dire, d'après un célèbre Journalifte, que ces danfeurs fe contentaient *de balancer les bras, ou de lever alternativement les jambes, fans autre objet que de ne pas refter toujours fur deux pieds.* Pour s'exprimer ainfi,

fuader que l'art de la danfe & de la pantomime était encore dans l'enfance, & que l'on ne connaiffait de règle, que celle d'imiter fervilement les fujets hiftoriques que l'on repréfentait. Nous verrons par la fuite qu'elle a acquis chez les Romains la confiftance qui l'éleva & qui la mit au rang des arts utiles & agréables, en corrigeant les mœurs, & en charmant les loifirs des plus graves perfonnages.

Après la fondation de Rome, Numa crut qu'il ferait à l'avantage

il faut que l'Auteur du Journal de Politique & de Littérature n'ait vu la danfe que dans les livres des anciens. Les occupations du Barreau & celles du Cabinet, ne lui ont pas permis de jetter un coup d'œil favorable fur l'art méchanique de la danfe de l'Opéra, que toute l'Europe avoue être portée au dégré le plus haut.

de l'Empire, d'établir une Religion qui le conduirait en même tems au but glorieux qu'il se proposait. Il forma un Collège de Prêtres, dont les fonctions étaient de servir l'autel de Mars, & pour rendre ces fonctions plus augustes, il imagina la Danse salique. Chaque Divinité que Rome & l'Italie adoptèrent, eut son culte & ses danses particulières. Sur les mêmes principes, les Perses, les Indiens, les Gaulois, les Bretons, les Germains, les Espagnols & tous les autres Peuples que nous connaissons, instituèrent des Temples & des Prêtres, dont l'état était de danser ; ainsi tout le monde dansa.

Rome, servile imitatrice des Grecs, ne tarda pas à se procurer un genre qui faisait les délices de ses modèles.

C

Elle fut favorisée par l'arrivée de Pilate & de Batilde. Ces deux hommes rares, qui ont porté au dernier degré de perfection l'art de la Pantomime, occasionnèrent dans Rome des révolutions étonnantes (*). On

---

(*) Il serait possible cependant de croire que les Romains n'étaient pas aussi bon pantomimes que l'on veut nous le persuader. Un danseur pantomime doit rendre toutes les actions avec tant d'art & de naturel, que le public se trouve agréablement trompé par le charme de l'illusion. Cependant quand on représentait à Rome dans un Ballet, Mutius Scévola arrêté dans le camp de Porsenna, on prenait un criminel pour jouer le moment où le Roi lui ordonne de se brûler la main : on fit suffoquer dans une étuve un autre malfaiteur, pour peindre avec plus de vérité Dédale, que Caucalus fit périr de cette manière ; les Bacchantes déchirèrent Orphée avec autant de barbarie, & ce qui est fort singulier, c'est qu'il y avait des hommes assez ennemis d'eux-mêmes, qui se louaient pour

ne les voyait qu'avec enthousiasme, & l'on peut comparer le goût des Romains pour ces sortes de spectacles, à une espèce de frénésie.

Bientôt ces deux hommes donnèrent à ce nouvel art, des règles indispensables pour l'intérêt, la marche, & la pompe du spectacle. Ces règles sont les bornes dans lesquelles le génie doit se renfermer; c'est un frein qu'on lui impose, pour ne pas parcourir une étendue trop grande qui ferait perdre de vûe l'objet qu'il veut peindre. Unité d'action, exposi-

porter, pendant quelque tems, la chemise d'Hercule toute brûlante; il n'est pas difficile de rendre avec vérité de pareilles actions, & je suis persuadé que s'il fallait passer par toutes ces épreuves pour être bon pantomime, il y en aurait fort peu de nos jours.

tion claire, développement de caractère & d'intrigue, qui conduise à l'intérêt & qui fasse naître un dénouement qui étonne ; voilà les règles imposantes du Ballet d'action, & sur lesquelles il faut que le génie & le goût versent les plus beaux ornemens.

A l'époque de la destruction de l'Empire, les Arts se trouvèrent engloutis sous ses ruines. Ils reposèrent longtems avant que l'on ait pu les retirer du néant, où ils étaient endormis.

La Religion Chrétienne crut la danse utile, & l'adopta dans plusieurs cérémonies ; on dansait sur des Théatres que l'on nommait *Chœurs*, placés près de l'autel. La veille des fêtes solemnelles, on chantait des cantiques & des hymnes en sautant à la porte des Églises; & ces hymnes & ces cantiques étaient pour les chrétiens, une expreſſion pure & touchante, qui faiſait leur félicité.

La licence & la débauche s'introduiſirent à la ſuite de pluſieurs farceurs qui vinrent corrompre ce plaiſir pur, cet encens que l'on offrait à la Divinité; l'on ſe livra ſans réſerve au libertinage : l'Égliſe, par un prompt reméde, arrêta ce mal en proſcrivant la danſe, & il n'échappa à cette deſtruction que quelque jours de fêtes, comme la Saint Jean, &c. où l'on danſe encore dans pluſieurs villes de Province.

Il eſt conſtant que l'art de la Danſe, porté à ce degré de dépravation, pouvait influer ſur la conduite, le caractère & les mœurs; cependant ce n'est point à l'art qu'il aurait fallu s'en prendre, si des ames basses & grossières en ont fait un abus révoltant. Ces mêmes farceurs auraient dégradé par leur libertinage, tout autre objet plus sérieux & plus conséquent : mais la danse par elle-même ne nous offre rien qui puisse choquer la modestie, depuis son établissement jusqu'à nous. Cet art peut être regardé sous deux points de vûe très-utiles : le premier, qui sert à l'éducation, est presqu'indispensable ; d'ailleurs il conduit à des plaisirs aussi honnêtes que piquans. Le second est la partie Théatrale qui fait l'ornement d'un spectacle adopté & chéri de la nation.

L'époque la plus heureuse & la plus intéressante pour les amateurs de l'Opéra, & pour les talens qui concourent à sa perfection, est l'instant où Catherine de Médicis réveilla les Arts, en les encourageant & en les protégeant. Je passe sous silence plusieurs sortes de fêtes données sans goût, sans dessin & sans ordre ; mais je dois m'arrêter à celle qui fut représentée au Mariage *de Galeas*, *Duc de Milan*, avec Isabelle d'Arragon : on prétend que c'est à cette fête que nous devons l'origine du Théatre de l'Opéra. Elle est remplie d'imagination ; mais il y manque cet intérêt indispensable dans tous les sujets allégoriques (*).

____

(*) J'ai cherché dans plusieurs Auteurs qui ont parlé de la Danse, sans avoir pu trouver cette anecdote. M. de Cahusac est le seul qui en parle ; il est à présumer qu'il n'a point avancé ce fait, sans en avoir été bien certain.

C'eft fur le plan de cette fuperbe fête , qu'*Ottavio Rinnuccini* , *& Giacomo Corffi*, conftruifirent la première charpente de l'Opéra. Ce n'était encore qu'une maffe informe ; mais par fucceffion de tems, ce théatre fe perfectionna avec la Mufique qui en devint le principal ornement. A l'exemple des anciens, on n'admit la danfe que comme détachée & tout-à-fait étrangère au fujet que l'on cherchait à exprimer. A chaque entr'acte on donnait un Ballet, dont le fujet, tiré ou de l'hiftoire ou de la fable, formait par lui feul un autre événement. Les Italiens ont toujours confervé depuis ce tems la même marche dans tous leurs Opéra , fi vous en exceptez celui d'Orphée qu'ils ont compofé à l'imitation de

notre

notre Caftor, où l'on a intimément
lié la danfe à l'action.

La Pantomime reprit donc fa forme
primitive, & fe répandit dans toutes
les Cours de l'Europe : l'on voit
même de tous côtés des Ballets hiftoriques, fabuleux, poëtiques, mo-
raux, allégoriques & ambulatoires.
Il y en avait encore qui n'étaient
fouvent que le fruit d'une imagination réfléchie quelquefois, & déréglée
la plûpart du tems (*).

____

(*) La plûpart des Ballets de ce tems
font d'un ridicule affreux. Le Duc de Némours,
fous Louis XIII, avait tellement la fureur de
la compofition des Ballets & de la Danfe, qu'é-
tant pris fortement de la goutte & ne pouvant
figurer dans plufieurs de fes productions, il
imagina de faire un Ballet de Goutteux, dans
lequel il pût figurer. Après s'être fait apporter
fur le théatre, il danfa avec une canne en

La France feule n'avait point encore connu la fupériorité d'une action fuivie : l'on danfait fimplement, les habits feuls fervaient à faire connaître chaque caractère que l'on voulait repréfenter, & l'on ne voit à ce fujet, dans toutes les defcriptions de ces Fêtes, qu'une foule d'idées vagues & fans fuite.

Je diftinguerai cependant les Caroufels, les Tournois & les Fêtes militaires ; rien de plus beau, rien de

---

faifant des geftes & des grimaces qui exprimaient la douleur. Je ne ferais pas étonné qu'un Ballet de ce genre, donné fur un de nos théatres, ne trouvât de zélés partifans. L'on ne veut plus que de la pantomime bonne ou mauvaife, & la danfe, felon certaines perfonnes, eft du plus mauvais goût ; on eft rarement content de ce que l'on poffède, & le défir d'un plaifir imaginaire, combat & trouble toujours celui qu'on eft à même de goûter.

plus majestueux. Remplis d'une foule d'incidens, ces spectacles n'étaient faits que pour les yeux. Catherine de Médicis s'en servit avec succès, & l'on ne voit pendant ce tems que fête sur fête. La malheureuse avanture de Henri II (*) affaiblit le goût des Tournois, mais non celui de la danse où l'on ne courait aucun de

------

(*) On sait que Henri II reçut, dans un Tournois, un coup de lance qui lui creva l'œil, & dont il mourut quelque tems après. Mongommery fut celui que Henri II choisit pour combattre avec lui; ce Gentil-homme avait la main malheureuse, car jouant avec François premier, il le blessa à la tête d'un coup de tison, qui leur servait apparemment de balle; la blessure fut si forte que ce Prince se vit obligé de se faire raser les cheveux, & ce costume dura jusques sous Louis XIII, où l'on reprit l'usage ancien. Cet accident aurait dû rendre Mongommery plus circonspect.

ces risques. Depuis ce tems elle fit toujours des progrès. Le père du Peuple & le protecteur des talens, Henri IV, acheva de la mettre en vigueur. L'on voit avec plaisir cet auguste Prince, se délasser de ses pénibles travaux, dans des fêtes dont il faisait le principal ornement. Le brave Sully, le second père de la France, fut ordonnateur & quelquefois même acteur dans les divertissemens que l'on donnait à son Prince.

L'établissement de l'Opéra acheva les progrès de la danse. Le célébre Quinaut, qu'un génie vaste portait à prévoir les grands effets, imagina une forme nouvelle, aussi heureuse qu'ingénieuse; il crut indispensable de joindre à l'action principale, les agrémens d'une danse quelquefois expreſſive, qui ſervait d'épiſode, en faiſant en même tems corps avec le ſujet. Il la fit parler dans les momens néceſſaires, & l'employa dans les fêtes comme art méchanique. S'il eut été auſſi bien ſecondé dans cette partie par le Muſicien, qu'il l'a été dans la déclamation, certainement ſes Opéra ſeraient des chefs-d'œuvres inimitables.

Il n'appartenait qu'au génie créateur de la muſique, à ſon imagination, à ſon feu, d'inventer un genre qui fait tant d'honneur à la nation. Il a deviné ce que les danſeurs ignoraient eux-mêmes; auſſi le regardons-nous avec juſtice, comme notre premier Maître. Dans les tableaux qu'il a peints, dans les chœurs & dans les effets muſicals, il ne s'eſt pas moins élevé au-deſſus de ſes rivaux, que dans la compoſition. Si l'on peut faire un reproche à ce grand homme, c'eſt d'être venu dans un tems où les Muſiciens, les Chanteurs & les Danſeurs n'avaient alors qu'une faible connaiſſance de leur art. Il les a lui-même formés. Quel Muſicien pourrait entrer en concurrence avec lui, ſi le hazard l'avait fait naître cinquante ans plus tard, ou que la muſique eût été portée au point où elle l'eſt actuellement? Mais ſans lui eût-elle fait les mêmes progrès? Cette queſtion eſt auſſi délicate, qu'elle eſt difficile à réſoudre.

La muſique eſt ſans contredit l'ame de la danſe (*), qui lui eſt ſubor-

---

(*) Il eſt certain que la muſique a un pouvoir bien extraordinaire ſur nos ſens; elle les

donnée, & qui la fuivra dans toutes
fes révolutions. Lorfque le danfeur

---

flatte, les ravit, & même s'en empare à tel
point, que nous oublions quelquefois les parti-
cularités qui nous intéreffent le plus. Les ani-
maux, dont les organes font en général fins &
délicats, éprouvent des révolutions qui atref-
tent que certain genre d'harmonie leur eft pro-
pre. Je me fuis plû à remarquer qu'en jouant
de la harpe, un chien de chaffe qui m'appartenait, écoutait les fons de cet inftrument avec
un plaifir qui fe manifeftait clairement, en ce
que fes yeux & fes oreilles changeaient à mefure que je variais. Les diffonnances paraiffaient
lui faire de la peine; attentif à remarquer les
diverfes impreffions qu'il éprouvait, j'en vins
à faire des accords faux, fans harmonie & fans
fuite, alors il me quittait; mais un certain ron-
deau, auquel il était attaché, le ramenait, &
quelques fois même, il venait dans cet inftant
me careffer.

Les anciens ont remarqué combien la Mufique avait d'empire, & ils ont pouffé leurs ob-
fervations jufqu'à connaître les différens inftrumens
mens propres à chaque animal : la trompette

se pénétrera du genre de Musique qu'il aura à parodier, il faudra nécei-

---

fut celui que l'on choisit pour la cavalerie. Par le moyen de cet instrument, on faisait faire aux chevaux des évolutions qui ressemblaient à une espèce de danse. Aristote prétend que les Sybarites sont les premiers qui ayent dressé leurs chevaux à la danse ; cette découverte leur fit perdre une bataille par la ruse des Crotoniates avec lesquels ils étaient en guerre. Ces derniers, instruits que les Sybarites avaient une espèce d'air qui servait à faire danser les chevaux, qui effectivement caracollaient de toutes les manières dès que l'on jouait cet air, le firent secrettement apprendre à leurs trompettes, & au moment où la bataille s'engagea, les Crotoniates firent sonner l'air du ballet. Aussi-tôt les chevaux des Sybarites se mirent à danser, à caracoller & à faire leurs différentes figures sans qu'on pût jamais les retenir. Les ennemis profitèrent de ce désordre, & taillèrent les Sybarites en pièces.

On prétend que les Cardiens furent défaits par le même stratagême dont se servirent les Bizaltes.

sairement

fairement , pour bien connaître les effets, les détails & les caractères de l'air, qu'il foit muficien confommé, ou que la nature l'ait doué d'un tact & d'une oreille parfaite ; fans ce fecours, il eft néceffairement monotone, & il revient toujours aux mêmes pas, qu'il arrange fur toutes les tailles : à cet égard la danfe a fait des progrès qu'il ferait difficile de furpaffer. La grande exécution, la variété des pas, fimples & compofés; l'imitation des airs, & les attitudes fortes, marquées & agréables, démontrent évidemment que la nature eft prefque foumife aux procédés de l'art.

Autant la danfe s'eft perfectionnée à l'Opéra, autant la pantomime a paru s'affaiblir. Il eft aifé de fe perfuader que les maîtres de Ballets &

les premiers danseurs, ont eu beaucoup de part à ce retardement, par les défauts de génie, d'ame, d'étude, de soins, ou d'occasion favorable ; peut-être aussi que les anciens directeurs, tenant à la forme primitive de ce spectacle créateur qui était le seul où l'on dansait effectivement, se sont opposés à l'avancement de la pantomime, qui n'était que de petites intrigues, analogues au moment de la scène. D'après cela tous les danseurs se sont livrés à l'étude pénible & fatiguante de l'exécution, qui a toujours fait le fond des divertissemens de l'Opéra.

Si les Ballets d'action, que l'on représentait dans différentes Cours de l'Europe, eussent été portés au degré de perfection qui leur est absolument nécessaire, on aurait peut-être ofé rifquer des dépenfes pour en donner à l'Opéra, & ce fpectacle fe ferait enrichi d'un nouveau genre, qui en aurait augmenté la gloire & la magnificence. De tous les maîtres de Ballets qui ont travaillé aux Ballets d'action, M. Noverre, homme d'un rare talent, qui s'eft livré à cette partie, eft parvenu par fes recherches à être regardé comme le reftaurateur de ce genre. Le defir de fe faire une réputation, lui a fait prendre fon effor dans les Cours étrangères, où fon génie ne fe trouvait pas ref-ferré dans des entraves perpétuelles. Il a bien fenti qu'il n'en était pas de même à l'Opéra, où il faut que le maître de Ballet foit fubordonné aux Directeurs, aux Auteurs, à la dépen-fe, aux décorateurs, aux fujets, aux circonstances & au goût du Public.

Beaucoup de personnes qui sentent vivement & qui s'intéressent aux progrès de l'art de la Danse, desirent ardemment que l'on donne sur notre Théatre de grands Ballets d'action ; il serait à souhaiter que l'on cédât à leur empressement : de mon côté, je ferais dans cette nouvelle carrière de nouveaux efforts pour mériter les suffrages du Public, dont j'ai toujours été si jaloux ; & c'est dans cette vûe que je me suis livré à des recherches analogues à ce genre.

Il n'est peut-être point d'occasion plus favorable que l'heureuse révolution qui vient d'arriver dans notre musique. Le fond des Opéra n'est pas suffisant pour fournir à l'empressement que les Français ont pour

la nouveauté; on eſt à chaque inſ-
tant obligé de ſe reproduire, & il
ne nous reſte que très-peu d'ouvrages, que leur bonté met à l'abri des
révolutions; le vrai beau eſt de tous
les tems & de toutes les nations.
Il ſerait poſſible, à ce qu'il me ſemble,
de donner à ce ſpectacle un ſecours
qui ne lui ſerait qu'avantageux, en
ſubſtituant dans des fragmens un
Ballet d'action à un acte détaché.
Le ſuccès ne pourra en être douteux,
toutes les fois que le ſujet ſera bien
choiſi, bien compoſé, bien exécuté,
& ſoutenu d'une muſique pittoreſque.
D'ailleurs la réuſſite de pluſieurs
Ballets de ce genre, doit faire voir
ce que l'on peut en attendre.

Cependant je ſuis éloigné de croire que de telles pantomimes ſe trou-

vent bien placées dans le courant d'un Opéra. Un Ballet d'action, tiré de l'hiftoire ou de la fable, & traité dans le grand, devient trop important par lui-même, pour fervir d'épifode. De l'innovation faite dans plufieurs Opéra, il réfulte un défaut inévitable, en ce que l'épifode écrafe l'ouvrage principal : on conviendra qu'un intérêt coupé par un autre intérêt plus refferré, & par conféquent plus chaud, anime, intéreffe le fpectateur, & que l'action qui recueille le plus de fuffrages, eft celle dont la marche n'eft point interrompue. Par exemple, dans l'Opéra d'Ifméne & Ifménias, on introduifit épifodiquement le Ballet de *Médée & Jafon*, de *M. Noverre,* (a)

____

(a) Ce Ballet fut remis avec adreffe fur notre Théatre, par M. VESTRIS.

pour faire voir à Isménias tout le danger de l'amour, & pour l'éloigner de cette passion funeste ; ce Ballet a reçu les éloges qu'il méritait, mais malgré la musique pleine de génie, de feu & d'agrément, il n'était plus possible d'en revenir au premier sujet.

Dans Azolan, même vice : cet Opéra, tiré d'un petit conte de M. de Voltaire, fut mis en trois actes ; on imagina, pour donner au poëme plus de consistance, & pour engager Azolan à se livrer aux douceurs & aux charmes de l'amour, un Ballet de la cruelle catastrophe *d'Ariane*, qui se voit abandonnée par *Thésée.* Ce Ballet ne fut pas traité avec exactitude, puisque c'était Ariane qui courait après Bacchus, & l'on sait que dans la fable, ce Dieu vient la consoler ; ce Ballet, dis-je, quoique mal placé, fut reçu favorablement du public, qui applaudit au jeu charmant, naturel & expressif de Mlle. Guimard, & de M. Vestris, bien secondé de la part du musicien: d'ailleurs une douzaine d'Amours, quarante Danseurs & Danseuses, quatre-vingts Gardes-françaises, ont rempli le Théatre, & ont produit du spectacle & de l'effet. Beaucoup de personnes étaient étonnées que cet appareil, sorti de la scène, servît de mot du guet au public qui délogeait aussi, & ne reparaissait qu'à la fête du dernier acte.

L'on doit être très-circonspect sur le choix des actions, & l'on ne doit choisir que celles qui peuvent se lier au sujet principal; ce ne doit être qu'un léger épisode qui lui

soit

foit attaché , & qui même ferve à la faire marcher, il eft vrai qu'il eft difficile, en fuivant l'inimitable *Quinault*, d'en introduire fouvent, & quand on les veut combiner & raifonner, on trouve à chaque pas des écueils ; mais auffi quand ils naiffent du fujet, & quand ils font bien adaptés, quel avantage il en réfulte! Ils fe foutiennent, fe font valoir mutuellement , & concourent à la beauté , à l'intérêt, & à l'enfem-ble de l'ouvrage.

Il eft quelques vices au fpectacle de l'Opéra, qu'il ferait effentiel de réformer ; mais mon fujet ne me permet pas d'entrer dans de longs détails qui feraient néceffaires. Je finirai par fupplier les perfonnes qui auront fait quelques remarques fur le Ballet, de me les communiquer, ce fera me donner une preuve convaincante de l'intérêt qu'on prendra à mes faibles talens. Je n'ai d'autre defir que celui de m'éclairer, & de profiter des confeils des gens de goût.

Dans ce Ballet je n'ai eu d'autre but que de rappeller les vertus d'un Monarque bienfaifant, & d'une Reine fi juftement adorée. Heureux! fi j'ai fu peindre les fentimens d'un Roi qui ne refpire que pour le bonheur de fes Sujets, les larmes qu'il a verfées en montant fur le Trône, les acclamations de fes Peuples, le le choix de Miniftres fages & éclairés, & la protection accordée aux Sciences & aux Arts.

L'AVENEMENT

DE

TITUS A L'EMPIRE,

BALLET ALLÉGORIQUE.

PERSONNAGES.

VESPASIEN, Empereur.

TITUS, fils de Vespasien.

UN GÉNIE Bienfaisant.

DIVINITÉS Favorables.

DIVINITÉS Malfaisantes.

L'AMOUR.

L'HYMEN.

LE DESTIN.

LE TEMS.

LES PARQUES.

LES GRACES, LES PLAISIRS, LES JEUX ET LES RIS.

NYMPHES Aëriennes.

CONSULS, SÉNATEURS, PRÉTORIENS, PLÉBÉIENS.

PONTIFES.

CHEVALIERS ROMAINS.

DAMES ROMAINES.

LUTTEURS, GLADIATEURS.

SOLDATS.

PLEUREUSES.

JOUEURS D'INSTRUMENS, &c

L'AVENEMENT

DE

TITUS A L'EMPIRE,

BALLET HISTORIQUE

ET ALLÉGORIQUE. *

ACTE I.

Le Théatre repréfente une Salle du Palais des Empereurs ; fur la droite eſt placé un Lit à l'antique , entouré de trophées & de

---

* Ce Ballet fut compofé & préfenté à la Reine, à Choifi, deux mois après le nouveau regne. J'ai, pour le mettre au jour, attendu juſqu'à ce moment, où il a été décidé qu'il n'y auroit point de Fêtes à l'occafion du Sacre.

F 2

drapeaux. Vefpafien eft fur ce Lit ; Titus eft debout , la tête appuyée fur un des trophées. Le Génie bienfaifant eft à fes côtés , & le refte de la Salle eft rempli de Sénateurs , de Plébéiens & de Gardes.

SCENE PREMIERE.

Titus au défefpoir , déplore la perte prochaine d'un Père qu'il aime tendrement : on le voit plongé dans la plus vive douleur, qu'il manifefte par fes foupirs & fes larmes ; le Génie bienfaifant paraît s'attendrir fur fon fort : les Romains font confternés.

Vefpafien , fe voyant près de mourir , demande fon Fils, qui fe jette dans fes bras ; il recommande au Génie de ne point abandonner fa jeuneffe ; il montre aux Romains celui qui doit lui fuccéder , & leur demande leur attachement pour lui. A ce trait de tendreffe ils font connaître ce qu'ils efpèrent du jeune Prince, & d'une voix unanime ils le reconnaiffent pour Empereur. Vespasien satisfait, embrasse son Fils, qui tombe presque évanoui.

SCENE II.

LE Théatre s'obscurcit, on entend un bruit souterrein, & l'on voit paraître au fond de la salle le Destin, le Tems & les Parques.

Le Destin s'approche; Vespasien frissonne: Titus se précipite pour détourner le coup. Il se jette à ses pieds : mais le Destin lui déclare que telle est sa volonté irrévocable. Les Parques s'avancent en tremblant, & le Tems porte le coup. Un cri subit se fait entendre. Titus livré au plus cruel désespoir, se jette sur son Père, le baigne de ses larmes & par un nouvel effort il cherche à le rappeller à la vie.

Les Parques se retirent avec le Tems & le Destin, & ils expriment combien ils sont touchés de ce spectacle.

SCENE III.

Les Sénateurs , fidéles à leurs engage-
mens, rendent hommage à Titus. L'excès
de fa douleur le rend infenfible. Le Génie
bienfaifant l'arrache des bras de fon Père
qu'il ne peut quitter.

Les Romains s'éloignent , affligés de ce
malheur.

Nota. Cet Acte paraî-ra peut-être cruel, mais en fait
d'action, les tableaux doivent être traités avec force &
énergie, fans quoi l'on devient froid & ennuyeux. D'ailleurs les Ballets d'action reffemblent affez aux Tragédies
grecques, où l'on introduifait une foule de Divinités auffi
cruelles : l'on verra que cette fituation m'était de toute
néceffité pour le plan de l'Ouvrage : & il faut la regarder
comme une ombre placée exprès pour faire reffortir le
refte du tableau avec plus d'éclat.

ACTE II.

LE Théatre repréfente le Champ de Mars ; au milieu paraît un édifice en forme de bûcher, compofé de cinq étages, toujours en diminuant & formant une efpèce de pyramide. Sur le dernier étage eft pofé le Char de l'Empereur ; il eft couvert de drap d'or, de compartiment d'yvoire & de riches peintures.

SCENE PREMIERE.

UNE Mufique funébre ouvre la Scène, & l'on voit au fond du Théatre le Cortége s'avancer.

ORDRE DE LA MARCHE.

Plufieurs joueurs de Flûte.

Un corps de Troupes, portant les Statues des plus illuftres Romains.

Les Figures en manière de bronze, qui repréſentent les Provinces ſujettes à l'Empire.

Les Images de ceux qui ſe ſont diſtingués par leurs vertus & leurs talens.

Des Chevaliers à cheval portant des Trophées.

Des Soldats portant l'Autel.

Des Pontifes.

La Figure de l'Empereur portée ſur un lit d'yvoire par des Chevaliers Romains.

Titus & le Génie bienfaiſant.

Sénateurs, Prétoriens, Plébéiens, Af-franchis.

Dames Romaines vétues en blanc.

Les Chars qui doivent faire des courſes.

De jeunes Chevaliers qui doivent faire pluſieurs évolutions militaires.

Des Troupes ſous les armes qui ferment le cortége.

Pendant que tout le monde ſe place, les Chevaliers remettent la Statue de l'Empereur aux Pontifes, qui la placent ſur le ſecond étage du bûcher, & l'on l'on offre des sacrifices de toutes parts. Les Chevaliers à cheval font quelques évolutions militaires, ensuite on exécute la Pyrrhique ; enfin il y a des courses de Chars, dont les conducteurs font vêtus de Robes de pourpre.

Après ces jeux, Titus, toujours plongé dans le plus grand accablement, prend le flambeau, & accompagné des principaux Magistrats, il met le feu au bûcher, qui s'enflamme : on en voit fortir un Char dans lequel est Vespasien, qui prend son vol dans les nues.

Tout le monde s'incline jusques au moment où il disparaît ; alors on reprend la marche dans le même ordre, & l'on se retire.

SCENE II.

LE Théatre change & repréfente une falle du Palais, où eft placé fur une table le Bufte de Vefpafien.

Titus, fuivi de tous les Romains, arrive & les prie de le laiffer tout entier à fa douleur. L'on obéit en le plaignant d'être auffi tendre.

SCENE III.

SON premier foin eft de voler au Bufte de fon Père : il gémit, il verfe des pleurs, & donne les marques de la plus grande tendreffe ; fa douleur accable fes fens, il fe défait de fes ornemens & fe jette fur un fiège où il s'affoupit.

SCENE IV.

LE Génie, qui cherchait depuis long-tems le moment où il pût enlever Titus sans qu'il s'en apperçût, arrive & profite de son sommeil pour le transporter dans son Palais.

Le siège où il est assis se change en un nuage qui le porte dans les airs.

ACTE III.

LE *Théatre change & représente le Palais du Génie, en colonnes, & entouré de Jardins agréables.*

SCENE PREMIERE.

TITUS est sur un sopha endormi ; le Génie est à l'un des côtés avec des Nymphes aëriennes, & de l'autre sont les Divinités favorables.

Une Symphonie mélodieuse se fait entendre ; l'Amour descend dans une gloire avec les Graces & les Plaisirs. Le Génie le reçoit avec transport & l'engage, en lui montrant Titus, d'user de son pouvoir pour le distraire de ses chagrins, en le rendant sensible & en faisant son bonheur. L'Amour saisit avec transport l'occasion d'embellir sa Cour ; il rêve un moment, & après avoir imaginé le moyen de le toucher, en excitant ses désirs ; il sort, suivi des Graces, des Plaisirs, des Nymphes aériennes, & regarde d'un air satisfait un cœur qui lui sera bientôt soumis.

SCENE II.

TITUS se réveille ; il regarde avec étonnement le Palais du Génie qui jouit de sa surprise : il vient à lui & lui présente les Divinités favorables qui désirent le guider dans le cours de son règne. Le jeune Prince est touché d'une telle faveur

& leur donne des marques de la plus grande reconnaiſſance.

SCENE III.

Les Plaiſirs arrivent en danſant, l'Amour les ſuit ſous la forme d'un petit Génie : il préſente à Titus des fleurs, dont le parfum enyvre ſes ſens. Il profite de ce moment pour faire avancer les Nymphes, dont l'une ſous la forme de Vénus, repréſente la Beauté ; l'autre la Sageſſe, ſous l'habit de Minerve ; celle-là la Fierté, ſous la figure de Diane ; celle-ci avec les attributs d'Hébé, repréſente la Jeuneſſe ; une autre la Tendreſſe, ſous les traits de l'Aurore ; enfin l'Equité, ſous ceux de Thémis ; l'Enjouement, ſous ceux de Terpſichore.

Au milieu d'objets ſi flatteurs, Titus ne ſait quel feu ſecret s'empare de ſon cœur. Le bouquet enchanté le comble de déſirs ; il voudrait faire un choix, mais leurs beautés s'effacent entr'elles, & il ne ſait à qui donner la préférence.

Les Nymphes l'invitent à se mêler à
leurs plaisirs; il y est entraîné sans s'en
appercevoir : le hazard lui fait unir la
Beauté & la Sagesse; cet ensemble paraît
le charmer. Hébé, jalouse, veut l'eflacer
par son éclat; mais la fraîcheur & sa jeunesse
y prêtent un nouveau charme; toutes à
l'envi se réunissent aux trois autres, & ne
forment plus qu'un seul grouppe qui l'en-
chante : il vole à l'Amour, au Génie,
& aux Divinités favorables; il leur montre
ses transports. Ils prennent part à sa joie,
& l'Amour sourit, feignant d'ignorer
son ouvrage. Titus rêve, soupire, le
regarde, & voudrait trouver cet heureux
assemblage dans une seule personne. Il
demande au Génie bienfaisant d'accomplir
ses souhaits; mais il lui répond que c'est
au-dessus de son pouvoir, mais non pas
au-dessus de celui de l'Amour qu'il montre. Le jeune Prince vole à lui, l'implore
vivement; ce Dieu paraît hésiter, & redou-
ble ses instances; il en est touché, & après
avoir ajouté les graces au tableau, il se

fait reconnaître, & d'une fléche qu'il dé-
coche, le grouppe disparaît & fait place à la
Statue ressemblante à l'Auguste Princesse
qui doit faire le bonheur de Titus & de
l'Empire.

Le jeune Prince est transporté : il vole
à cette heureuse image ; mais il est interdit
lorsqu'il s'apperçoit qu'elle est insensible.
Il s'en plaint à l'Amour & le conjure d'a-
chever son ouvrage.

L'Amour anime la Statue & lui fait
entendre qu'elle est formée pour Titus.

Ce jeune Prince est au comble du bonheur, il n'a plus qu'une grace à demander,
c'est de ne jamais être séparé de cet objet
précieux.

Cependant le Génie bienfaisant lui an-
nonce qu'il est tems de se montrer aux
Romains, & qu'il se sépare pour quelques
momens de celle qui le charme ; il n'y peut
consentir : l'Amour lui commande d'obéir,
& lui jure que dans peu il comblera ses
vœux. Titus se soumet, & le Génie le place
dans son Char avec les Divinités favorables ;

l'Amour renouvelle son serment, & emmene avec lui la jeune Princesse & les Plaisirs.

ACTE IV.

LE Théatre repréfente une galerie ornée de tous les attributs des Sciences & des Arts.

SCENE PREMIERE.

TITUS s'occupe avec les Divinités bienfaisantes, à parcourir fur un globe la vaste étendue dont il est le maître ; une d'elles lui préfente une Balance, attribut de la Justice, & lui fait entendre qu'il doit toujours s'en fervir, s'il veut rendre fes fujets heureux ; une autre lui offre le Miroir de la vérité, & l'engage à le confulter fouvent.

SCENE

SCENE II.

IL eſt interrompu par l'arrivée des Divinités malfaiſantes, l'Envie, le Soupçon, la Haine, la Vengeance, le Déſeſpoir ; toutes reconnaiſſables, quoique couvertes d'un voile ; elles ſont cependant déguiſées ſous les habits les plus agréables.

Elles ſe préſentent à lui ſous les déhors trompeurs de la douceur. Elles lui offrent en tremblant des préſens empoiſonnés, qu'il reçoit avec bonté ; mais leur air embarraſſé, leur regard, leur contenance lui font naître de la défiance : il les examine d'un œil attentif & pénétrant ; il s'apperçoit, lorſque l'Envie fait des efforts pour le ſubjuguer, que ſes compagnes menacent les Divinités favorables, & veulent les enchaîner. Alors ne pouvant plus douter de leurs perfides deſſeins, il s'en éloigne, elles s'obſtinent à vouloir l'entourer ; mais il les repouſſe, leur arrache leur voile, &

H

recule d'horreur : il se jette entre les bras des Divinités favorables. Les autres se livrent à la fureur la plus grande ; il se livre un combat, mais on les poursuit, & on les précipite dans l'abîme d'où elles étoient sorties.

SCENE III.

Titus délivré de ses ennemis, exprime sa reconnaissance & sa joye aux Divinités favorables, de ce qu'elle ne l'ont point abandonné dans un moment aussi critique pour sa jeunesse.

SCENE IV.

On entend les cris du peuple, impatient de proclamer Titus.

Les principaux Romains viennent annoncer qu'on l'attend dans la place, pour

célébrer son Couronnement & son Triomphe.

Il sort suivi des Divinités favorables,
& des Romains.

ACTE V.

*L̲ᴇ Théâtre repréfente la place publique,
décorée de tout ce qui eft relatif à un
Couronnement & à un Triomphe* (1).

SCENE PREMIERE

L'A̲ᴄᴛᴇ commence par une multitude
de peuple qui fe répand dans les places
affignées pour eux. Après eux la marche.
Titus, au milieu de la pompe d'un Triom-

----

(1) J'ai cru néceffaire, pour la beauté du Spectacle, de
joindre au Couronnement, le Triomphe que l'on a accor-
dé à Titus, après la guerre de la Judée & de la prife de
Jérufalem; d'ailleurs la manière de proclamer les Empereurs, n'offre rien de Théatral, fur-tout en pantomime.

phe, paraît dans un Char, entouré des Divinités favorables. A sa suite sont tous les Prisonniers remarquables de la guerre de la Judée, enchaînés à son Char (1), & le Cortége est terminé par les Troupes Romaines.

Titus descend de son Char, on le place sur un Trône, où il est proclamé Empereur au son des instrumens militaires & des cris du peuple.

On offre de tous côtés des sacrifices.

⟺ ⬥ ⟹

SCENE II.

L'Amour accompagné de l'Hymen, des Plaisirs & des Graces, descend dans une gloire avec l'objet des vœux de Titus; le Génie paraît en même tems dans des nuages entouré de Divinités qui prési-dent aux Arts.

---

(1) Je me suis cru dispensé de décrire cette marche; on sait que rien n'était si pompeux, & si imposant que cette cérémonie.

Les Romains, à la vue de l'augufte Époufe deftinée à l'Empereur, ne peuvent contenir leurs tranfports; ils le prouvent par leur admiration, & remercient le Fils de Vénus d'un tel préfent. L'Amour & l'Hymen s'avancent vers Titus, & le font monter dans la gloire, où eft un Autel préparé pour l'union des deux Époux.

Tandis que l'Hymen & l'Amour s'occupent du Mariage, les Arts travaillent aux Médaillons de l'Empereur & de l'Impératrice : ils gravent ces mots remarquables de Titus & de Louis XVI : *Je n'ai fait aucun bien, j'ai perdu ma journée; mon défir le plus grand eft de rendre mon peuple heureux* (1).

La Renommée paraît s'en emparer, les publie & les porte avec les Médaillons au Temple de Mémoire.

---

(1) Ce furent les mots que le Roi prononça à Choifi, quand il tint le premier Confeil; on ne faurait trop fe les rappeller. C'eft le premier élan du cœur qui peint le caractère.

Les Plaisirs, les Ris, les Jeux, les Graces, les Chevaliers Romains, & les Dames Romaines, exécutent un Ballet pompeux pour célébrer cette illustre Fête ; l'Amour & l'Hymen, pendant ce tems, s'occupent à graver sur une pyramide que les Arts ont élevée, cette inscription :

L'Amour & l'Hymen sont à jamais unis.

Le Génie bienfaisant grave sur une autre :

Titus fit les délices de ses Sujets. Sa mémoire est respectée chez tous les Peuples de l'Univers.

F I N.

APPROBATION DU CENSEUR ROYAL.

J'AI lu, par l'ordre de Monseigneur le Garde des Sceaux, le Manuscrit intitulé : *l'Avénement de Titus à l'Empire, Ballet Allégorique, au sujet du Couronnement du Roi, &c.* Le dessin noble & grand de ce Ballet m'a paru le fruit des talens & des connoissances de M. GARDEL. Je n'y ai observé rien qui n'en doive favoriser l'impression. Donné à Paris, ce 26 d'Août 1775.

PHILIPPE DE PRÉTOT.